JN069419

モノクロ＆カラー版

中学・高校
テンプレート集

イクタケ マコト

CONTENTS

授業で使えるテンプレート

いろいろな場面で使えるテンプレート

ワンポイントで使えるイラスト

使い方解説コーナー

＊書籍では見本として、カラー版・モノクロ版いずれかのパターンで掲載している場合もありますが、ダウンロードデータにはすべてのテンプレートおよびイラストのカラー＆モノクロデータをご用意しています。

＊各章のとびらのイラストもダウンロードデータをご用意しています。文集や資料の表紙などにご活用ください。

学級・HRや学校行事で
使えるテンプレート

① 自己紹介シート

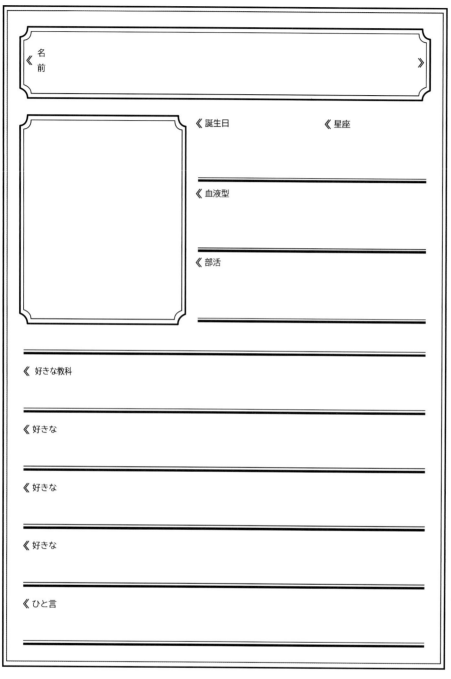

《 名
　前

《 誕生日　　　　　　　《 星座

《 血液型

《 部活

《 好きな教科

《 好きな

《 好きな

《 好きな

《 ひと言

A_1_1_mono.pdf

A_1_1_iro.pdf

スタンダードな自己紹介シートです。左上のフリースペースは、似顔絵などの絵を描いてもいいですね。

自己紹介シート

すきな教科	名前	すきな食べもの

すきな	すきな	ひと言

A_1_2_mono.pdf

A_1_2_iro.pdf

「わたしのすきなもの」を紹介するタイプの自己紹介シートです。すきな言葉や歴史上の人物など、テーマを決めて学習と結びつけて使ってみてください。

② 自己紹介＋目標シート

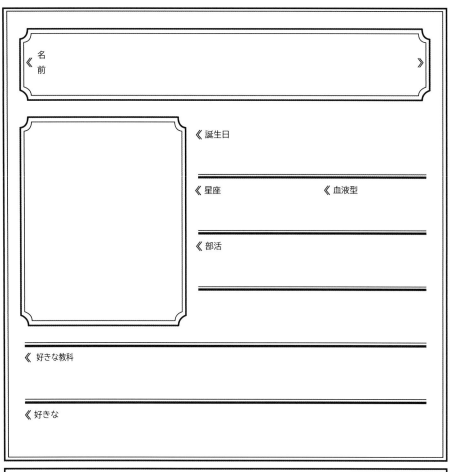

《 名前

《 誕生日

《 星座 　　　　　 《 血液型

《 部活

《 好きな教科

《 好きな

《 学習面の目標

《 生活面の目標

A_2_1_mono.pdf

A_2_1_iro.pdf

自己紹介に目標の欄を加えたシートです。目標は、学習面と生活面を記入できます。
「好きな〇〇」は全体でテーマを決めても自由でも使えます。

③ 自己紹介新聞

月　日（　）　号

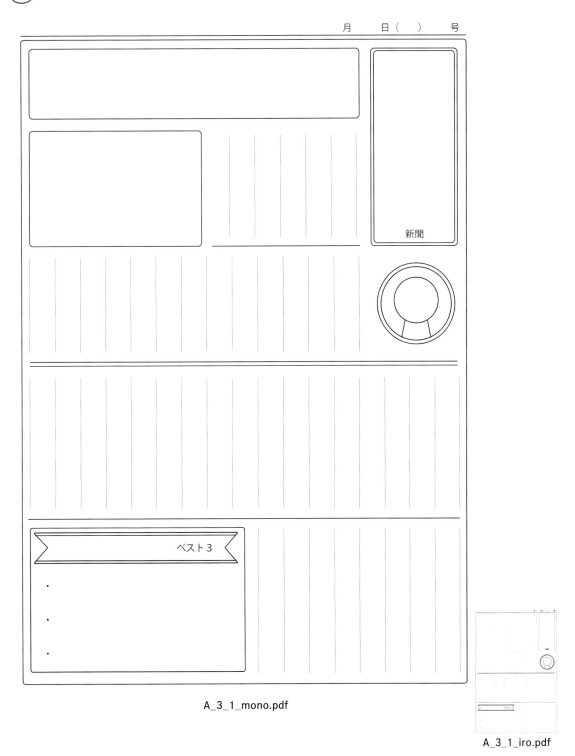

新聞

ベスト3

A_3_1_mono.pdf

A_3_1_iro.pdf

新聞形式で「〇〇（生徒名）新聞」として自己紹介をするユニークなフォーマット。
自己紹介だけでなく、修学旅行や各行事のまとめにも使えます。

④ 学習・生活目標シート

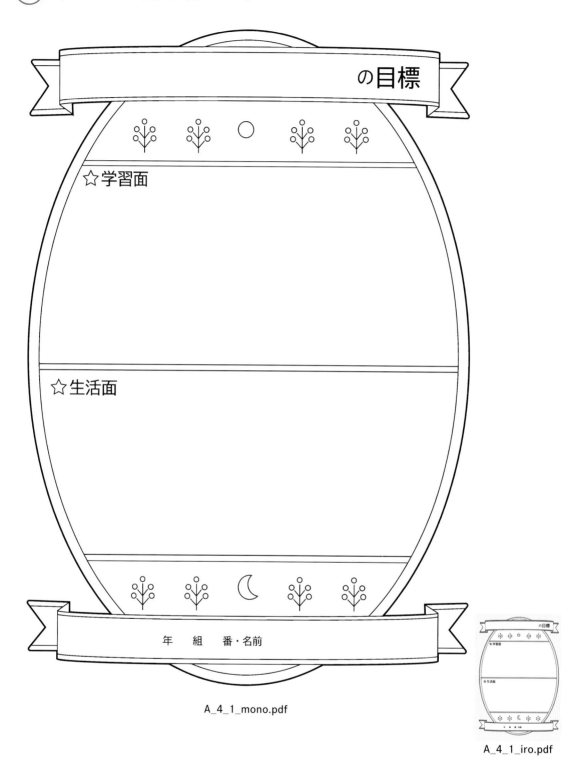

の目標

☆学習面

☆生活面

年　　組　　番・名前

A_4_1_mono.pdf

A_4_1_iro.pdf

１年の目標や、学期の目標を宣言するシートです。掲示するのであれば、カラープリントがおすすめ◎

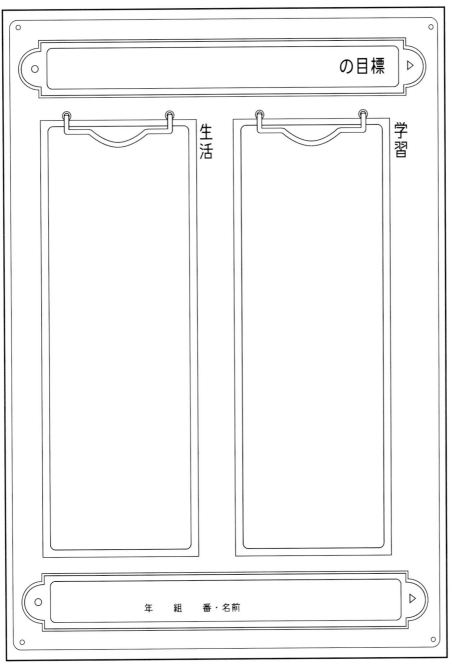

の目標 ▷

生活

学習

年　　組　　番・名前 ▷

A_4_2_mono.pdf

A_4_2_iro.pdf

左のページと同じ、年、月、学期ごとの目標を宣言するシートです。縦書きでカッチリして
いるので気合が入るかも!?

⑤ 班紹介ポスター

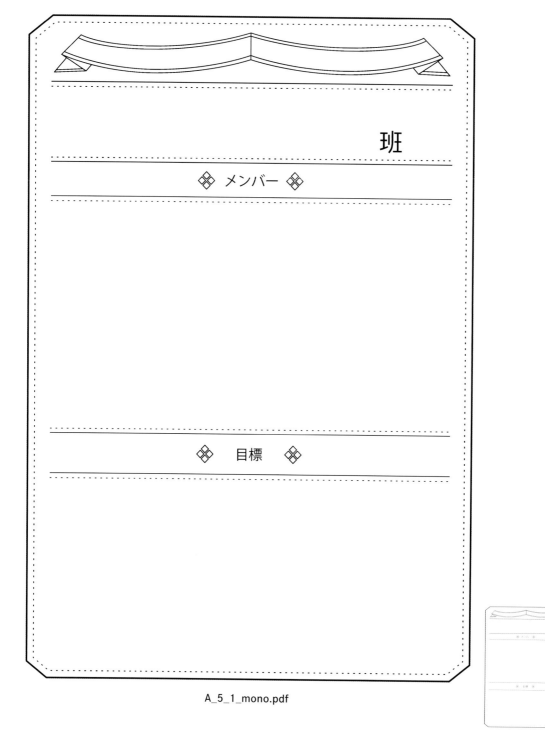

班

◈ メンバー ◈

◈ 目標 ◈

A_5_1_mono.pdf

A_5_1_iro.pdf

班のメンバーや目標を書いて掲示するフォーマットです。クラスの班だけでなく、修学旅行や体験学習などの行事でも使えます。

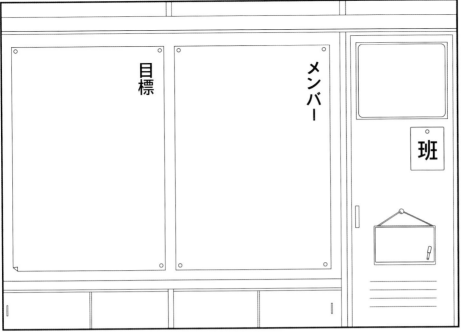

A_5_2_mono.pdf

A_5_2_iro.pdf

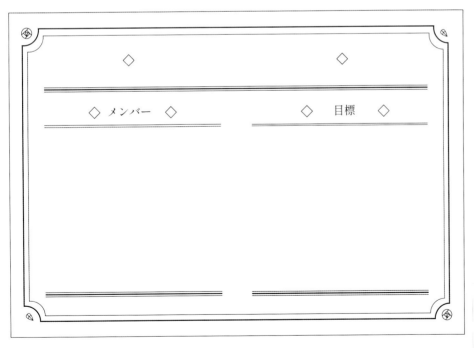

A_5_3_mono.pdf

A_5_3_iro.pdf

班紹介のヨコ型バージョンです。上のフォーマットは学校の壁をイメージしています。

⑥ いろいろ希望調査

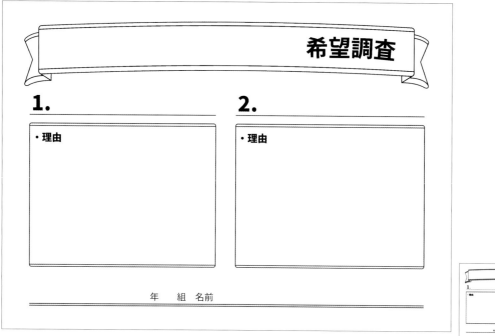

A_6_1_mono.pdf

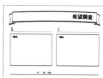

A_6_1_iro.pdf

A_6_2_mono.pdf

A_6_2_iro.pdf

クラブや係、出し物、修学旅行先など使い方はいろいろ。ダウンロードデータはそれぞれ
A5サイズです。

⑦ 年間スケジュール表

１年 の スケジュール

４月	５月	６月	７月	８月	９月	10月	11月	12月	１月	２月	３月

A_7_1_mono.pdf

A_7_1_iro.pdf

年間スケジュール

４月	
５月	
６月	
７月	
８月	
９月	

10月	
11月	
12月	
１月	
２月	
３月	

A_7_2_mono.pdf

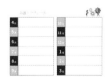

A_7_2_iro.pdf

１年間の学校の予定や行事を可視化できます。ダウンロードデータはA3サイズ（掲示用）です。個人用で使う場合は縮小でプリントを。

⑧ 企画書

企画名

内容

必要なもの・場所

注意事項

年　　組　　番　名前

A_8_1_mono.pdf

A_8_1_iro.pdf

文化祭などの企画をまとめるための企画書です。企画の内容、必要なもの、場所、注意事項を書くことで、企画全体が見やすくなります。

⑨ プロジェクト計画表

⬆ プロジェクト計画表　年　組　番・名前

A_9_1_mono.pdf

A_9_1_iro.pdf

文化祭など中期にわたるような活動のステップを計画します。見出しの例として、左から、日時（時期）、活動（すること）、詳細です。

⑩ 行事計画表

計画表

年　　組　　番　名前

/	
/	
/	
/	
/	
/	
/	
/	
/	
/	
/	
/	
/	
/	

A_10_1_mono.pdf

A_10_1_iro.pdf

行事に向けてのダンドリや、何かに特化したスケジュールなどを記入できます。14日分の日付と内容が記入できるようになっています。

⑪ 学習計画表

学習計画表

年　　組　　番　名前

/	
/	
/	
/	
/	
/	
/	
/	
/	
/	
/	
/	
/	
/	

A_11_1_mono.pdf

A_11_1_iro.pdf

考査に向けての学習計画を記入できます。14日分の日付と内容が記入できるようになっています。

⑫ 学校行事に向けて　⑬ 合唱コンに向けて

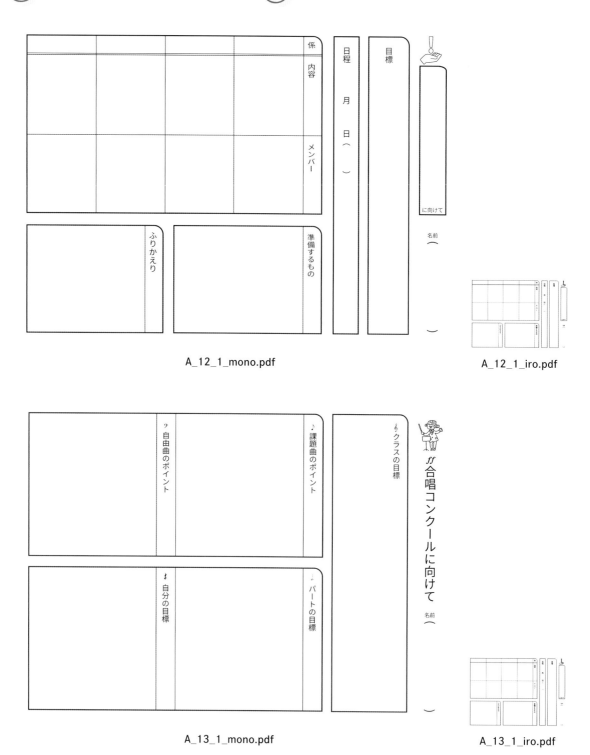

A_12_1_mono.pdf

A_12_1_iro.pdf

A_13_1_mono.pdf

A_13_1_iro.pdf

文化祭・合唱コンクールなどチームで取り組む行事の目標や分担を記入します。教室に掲示してもいいですね。

⑭ 生活チェックシート

生活チェックシート　　年　組　名前

① 1日の生活について

- 起床時間　　　　時　　　分ごろ
- 帰宅時間　　　　時　　　分ごろ
- 学習時間　　　　時間　　分
- 就寝時間　　　　時　　　分ごろ

②健康チェック

いいえ　　　　　　　　　　はい

- 朝食を食べない
- 集中力がない
- 学校に行きたくない
- 頭痛がよくある
- 腹痛がよくある
- 眠れない、朝起きられない
- イライラする

③生活面について、気になる事などがあれば記入してください。

A_14_1_mono.pdf

A_14_1_iro.pdf

生徒に睡眠や食事、メンタルなどのセルフチェックをしてもらうためのシートです。クラスに元気がないときなどに実施し、気になる生徒は面談を。

⑮ 1日のスケジュール

1日のスケジュール	年　　組　　番・名前

時間	
5 時	
6 時	
7 時	
8 時	
9 時	
10 時	
11 時	
12 時	
13 時	
14 時	
15 時	
16 時	
17 時	
18 時	
19 時	
20 時	
21 時	
22 時	
23 時	
24 時	

A_15_1_mono.pdf

A_15_1_iro.pdf

朝から夜までの1日の生活を見直したり、スケジュールを考えたりするのに使います。
学期はじめなどに定期的に行うと効果的かもしれません。

⑯ 目標宣言シート

目標宣言シート

年　組　番　名前

学習

● 目標

● 達成度

行事

● 目標

● 達成度

生活

● 目標

● 達成度

部活・その他

● 目標

● 達成度

A_16_1_mono.pdf

A_16_1_iro.pdf

1年ごと、学期ごとの目標と、達成度が書けるシートです。振り返り重視の場合にお使いください。

⑰ いろいろマラソンカード

年　　組　　番　名前

目標

1　2　3　4

9　8　7　6　5

10　11　12　13　14

19　18　17　16　15

20　感想

A_17_1_mono.pdf

A_17_1_iro.pdf

読んだ本の数や出席した日数など、20回達成を目標にしたスタンプカード式のフォーマットです。ダイナミックなイラストでモチベーションアップ！

A_17_2_mono.pdf

A_17_2_iro.pdf

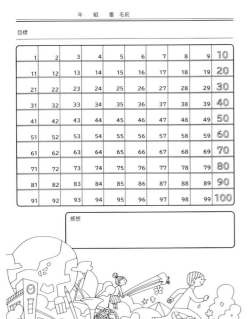

A_17_3_mono.pdf

A_17_3_iro.pdf

マラソンカードの50マスバージョン、100マスバージョンです。クラス全体の活動にも使えるかもしれません。

⑱ おすすめ本紹介

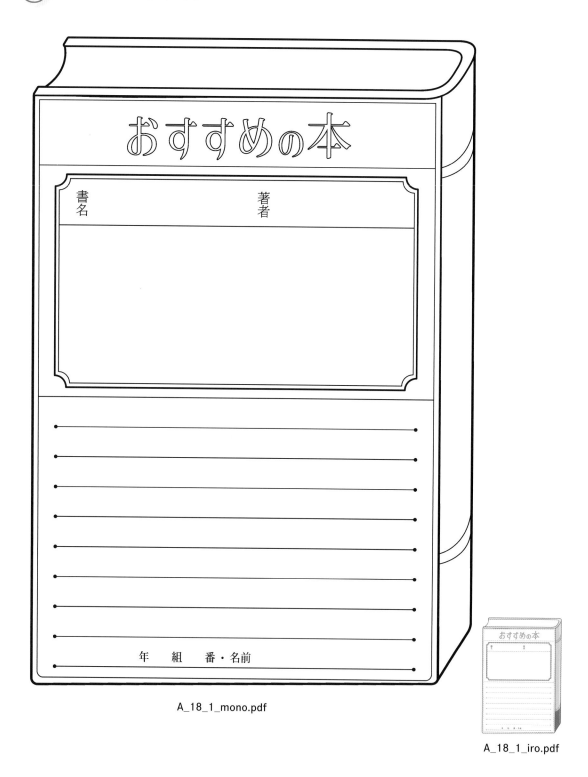

おすすめの本

書名

著者

年　　組　　番・名前

A_18_1_mono.pdf

おすすめの本

A_18_1_iro.pdf

おすすめの本を紹介するシートです。上のスペースには、イラストやカバーの写真を貼る
とより見栄えがします。

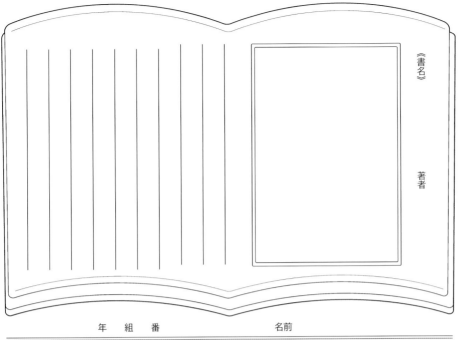

A_18_2_mono.pdf

A_18_2_iro.pdf

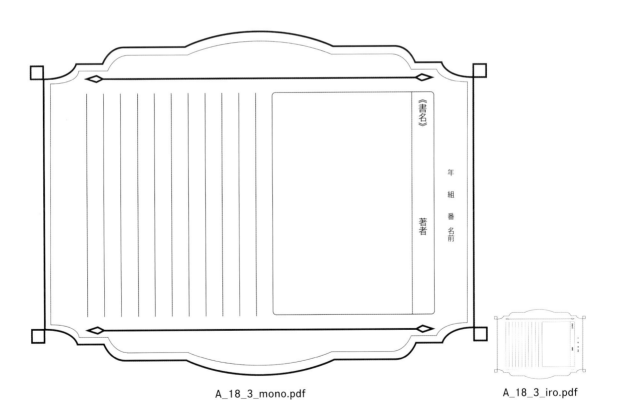

A_18_3_mono.pdf

A_18_3_iro.pdf

おすすめ本紹介のヨコ型のバージョンです。書店のポップを作るつもりで、キャッチコピーを付けたり、ポイント1つを深堀りすると書きやすいです。

⑲ 振り返りシート

振り返りシート　年　組　番・名前

学習	自己評価
成果	
課題	
今後の目標	点

生活	自己評価
成果	
課題	
今後の目標	点

行事や係、委員会活動	自己評価
成果	
課題	
今後の目標	点

部活動・その他	自己評価
成果	
課題	
今後の目標	点

A_19_1_mono.pdf

A_19_1_iro.pdf

学習、生活、行事や係、委員会活動、部活動、その他のカテゴリごとに、成果と課題、自己評価、今後の目標を振り返るシートです。

1年のあゆみ　　　年　　組　名前

★学習面のがんばった点

◆学習面の反省と来年の目標

●生活面のがんばった点

▲生活面の反省と来年の目標

A_19_2_mono.pdf

A_19_2_iro.pdf

年度末用の振り返りシートです。学習面、生活面にしぼり、「がんばった点」と「反省と来年の目標」を書けるようになっています。

生徒指導要録　記入用アンケート

ふりがな 氏名	
住所	
保護者氏名	
保護者住所	
入学前の経歴	

■学習

得意科目		苦手科目	
今年度の目標			

■部活、特別活動

部活動	部	役職	
成績			
学級活動			
委員会活動			

■進路希望

進学先		職業	
趣味・特技			
資格や検定			

■その他

表彰など	
ボランティア活動	
留学	
長所・短所	

A_20_1_mono.pdf

A_20_1_iro.pdf

年度末に作成する生徒指導要録。事前に生徒にこのアンケートに記入してもらうことで、作成がとても楽になります。

㉑ 進路希望調査

進路希望調査

■将来の夢 ※あなたは、どんな生き方がしたいですか。（例：人の役に立ちたいなど）

■卒業後の進路希望 ※具体的な進学先や職業があれば書いてください。

進学先 （　　　　　　　　） （　　　　　　　　　）

職業　 （　　　　　　　　） その他 （　　　　　　　　　）

■進路について、具体的に考えていることがあれば書いてください。

例）入試の方法、取りたい資格など

■進路について、疑問や不安に思っていることがあれば書いてください。

年　　組　名前

A_21_1_mono.pdf

A_21_1_iro.pdf

生徒個人の進路希望を確認するアンケートです。面談前などにお使い下さい。

㉒ ○○な人・ものベスト3

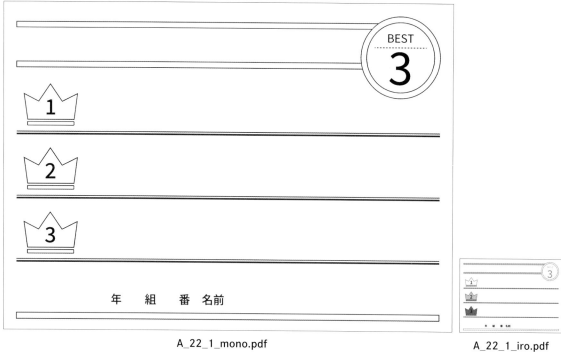

A_22_1_mono.pdf

A_22_1_iro.pdf

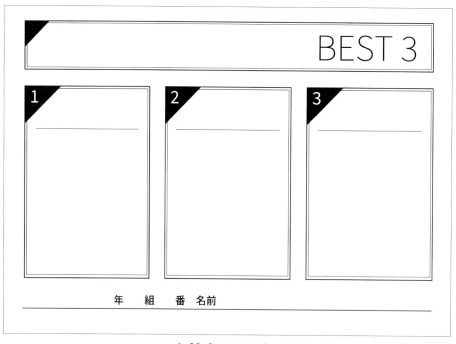

A_22_2_mono.pdf

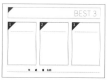

A_22_2_iro.pdf

「頑張った人ベスト3」や「好きな本ベスト3」などを尋ねるアンケートで、使い方はたくさん！ダウンロードデータはそれぞれA5サイズです。

A_23_1_mono.pdf

A_23_2_iro.pdf

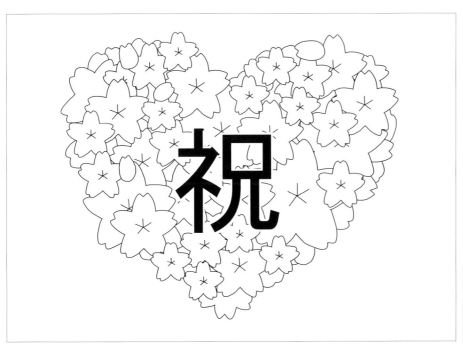

A_23_2_mono.pdf

A_23_2_iro.pdf

合格や入賞をお祝いするときに、メッセージや氏名を書いて使います。ダウンロードデータはA3サイズ（掲示用）です。A4で使う場合は縮小でプリントを。

面接のポイント

「失礼します」とハッキリ言う

ドアの方を向いてしめる

イスの横で礼をする

「失礼します」と言って座る

イスの横に立つ

礼をする

礼をして退出する

A_24_1_mono.pdf

A_24_1_iro.pdf

簡単な面接のポイントをまとめました。ダウンロードデータはA3サイズ（掲示用）です。
A4で使う場合は縮小でプリントを。

授業で使えるテンプレート

① 作文用紙

年　　組　　番・名前

B_1_1_iro.pdf

B_1_1_mono.pdf

授業の感想をまとめたり、調べたことをまとめたり、発表の下書きなどに幅広く使える作文シートです。

B_1_2_iro.pdf

B_1_2_mono.pdf

B_1_3_iro.pdf

B_1_3_mono.pdf

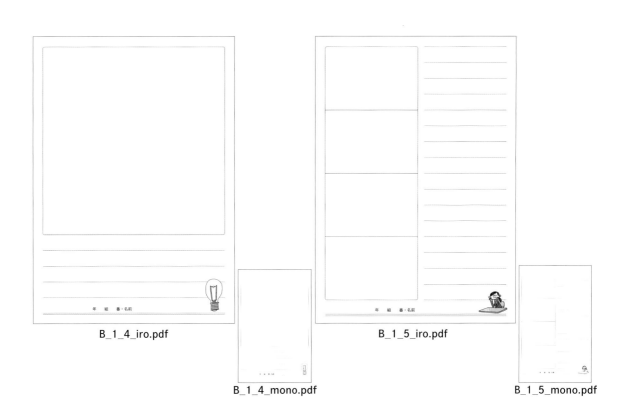

B_1_4_iro.pdf

B_1_4_mono.pdf

B_1_5_iro.pdf

B_1_5_mono.pdf

作文シートのバリエーションです。枠の中は、イラストや図解、写真など自由に使ってください。４コマ漫画に挑戦してもおもしろい！

② 発表メモ

B_2_1_iro.pdf

B_2_1_mono.pdf

何かについて発表するときのメモです。1ファイルに2枚分面付してあるので、プリントした後、真ん中で断裁すれば一度に2枚作成できます。

| 年　　組　　番・名前 |
| 年　　組　　番・名前 |

B_2_2_iro.pdf

B_2_2_mono.pdf

何かについて発表するときのメモです。1ファイルに4枚分面付してあるので、プリントした後、十字に断裁すれば一度に4枚作成できます。

③ 思考ツールいろいろ

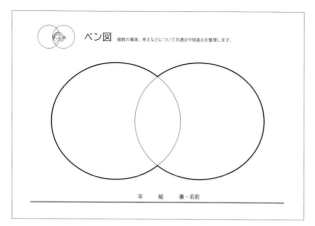

B_3_1_mono.pdf

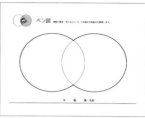

B_3_1_iro.pdf

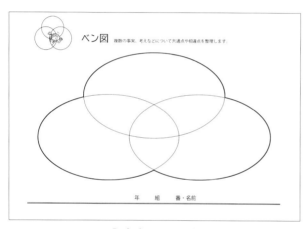

B_3_2_mono.pdf

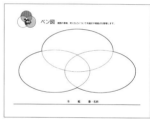

B_3_2_iro.pdf

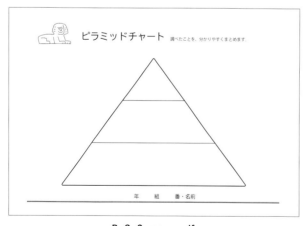

B_3_3_mono.pdf

B_3_3_iro.pdf

「ベン図」は、共通点と相違点を整理するときに使います。「ピラミッドチャート」は、上から主張とその理由、さらに理由の根拠を書いて構造的に主張を考えます。

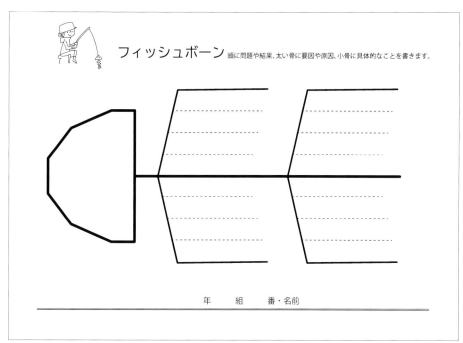

フィッシュボーン 頭に問題や結果、太い骨に要因や原因、小骨に具体的なことを書きます。

年　　組　　番・名前

B_3_4_mono.pdf

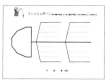

B_3_4_iro.pdf

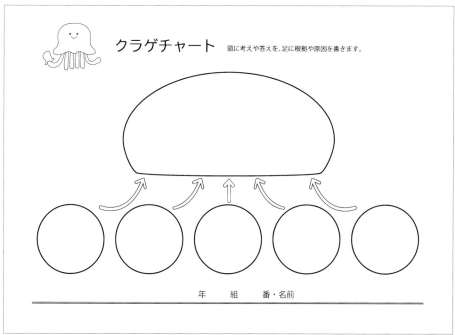

クラゲチャート 頭に考えや答えを、足に根拠や原因を書きます。

年　　組　　番・名前

B_3_5_mono.pdf

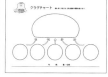

B_3_5_iro.pdf

「フィッシュボーン」は、問題について原因を分析するときに使います。「クラゲチャート」は、自分の意見に経験や根拠を示して伝えるときに使います。

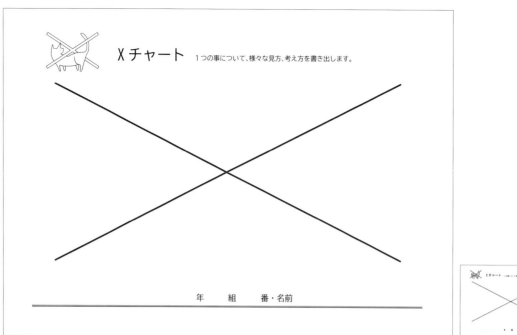

X チャート　1つの事について、様々な見方、考え方を書き出します。

年　　　組　　　番・名前

B_3_6_mono.pdf

B_3_6_iro.pdf

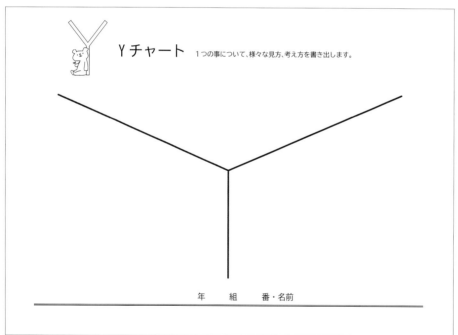

Y チャート　1つの事について、様々な見方、考え方を書き出します。

年　　　組　　　番・名前

B_3_7_mono.pdf

B_3_7_iro.pdf

どちらも、1つの事項について様々な見方や考え方を書き出して整理するときに使います。
人、もの、こと、時間、場所など、区分けは自由に。

案	メリット	デメリット

年　　組　番・名前

B_3_8_mono.pdf

B_3_8_iro.pdf

２つの案についてメリットとデメリットを書き出して比較するときに使います。学校の課題や社会問題など幅広く使えます。

マンダラート

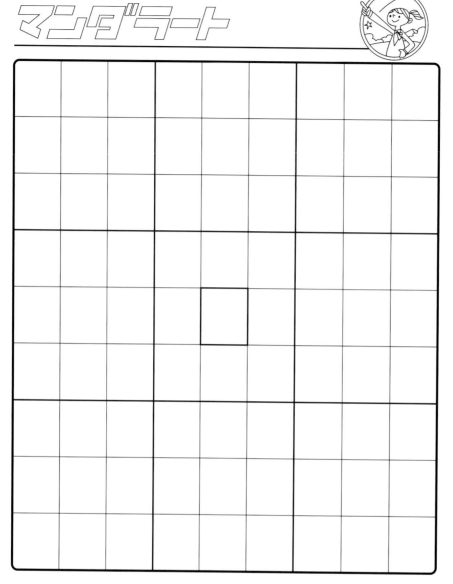

年　　　組　　　番・名前

B_3_9_mono.pdf

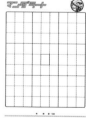

B_3_9_iro.pdf

大谷翔平選手が使ったことで有名なマンダラチャートです。中央に目標やテーマを書いて、四方、八方へと考えを展開させます。

④ 表彰状

表彰状

_____ 様

_____ において

優秀な成績をおさめられました。

その努力と栄誉を称え

ここに表彰いたします。

年　月　日

B_4_1_mono.pdf

B_4_1_iro.pdf

一見、見慣れた表彰状ですが、ところどころに果物や虫が描かれています。

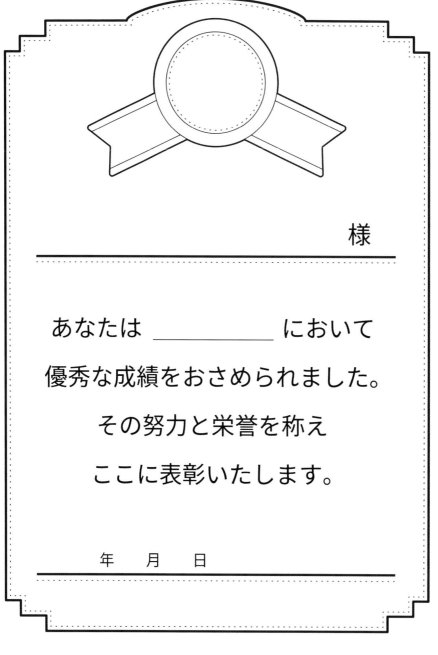

様

あなたは ＿＿＿＿＿ において

優秀な成績をおさめられました。

その努力と栄誉を称え

ここに表彰いたします。

年　　月　　日

B_4_2_mono.pdf

B_4_2_iro.pdf

少しカジュアルな表彰状。上の〇には、一言メッセージや写真を入れてもいいかもしれません。

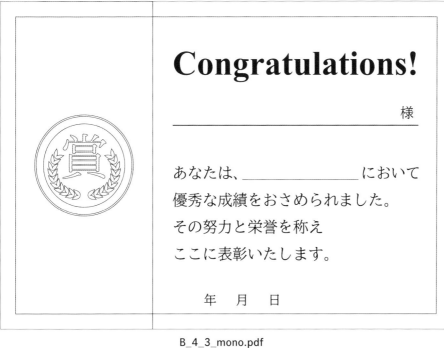

Congratulations!

_____ 様

あなたは、_____ において
優秀な成績をおさめられました。
その努力と栄誉を称え
ここに表彰いたします。

年　月　日

B_4_3_mono.pdf

B_4_3_iro.pdf

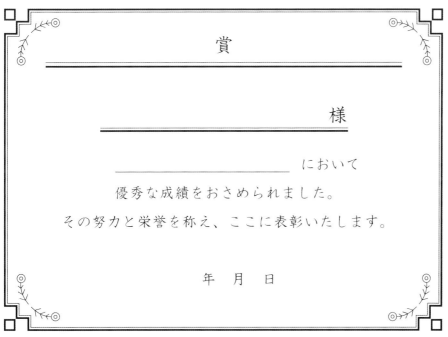

賞

_____

_____ 様

_____ において
優秀な成績をおさめられました。
その努力と栄誉を称え、ここに表彰いたします。

年　月　日

B_4_4_mono.pdf

B_4_4_iro.pdf

海外風の表彰状。クラス対抗のコンクールや英語の授業などにおすすめです。

あなたは、＿＿＿＿＿＿において
優秀な成績をおさめられました。
その努力と栄誉を称え
ここに表彰いたします。

様

年　月　日

B_4_5_mono.pdf

B_4_5_iro.pdf

Congratulations!

様

＿＿＿＿＿＿＿＿において
優秀な成績をおさめられました。
その努力と栄誉を称えhere に表彰いたします。

年　月　日

B_4_6_mono.pdf

B_4_6_iro.pdf

金メダルや音符をモチーフにした表彰状。体育祭や合唱コンクールにおすすめです。

いろいろな場面で使える
テンプレート

① 便箋

C_1_1_mono.pdf

C_1_1_iro.pdf

C_1_2_mono.pdf

C_1_2_iro.pdf

C_1_3_mono.pdf

C_1_3_iro.pdf

C_1_4_mono.pdf

C_1_4_iro.pdf

授業や行事の感想や、ゲスト講師へのお礼と感想など、様々な場面で使える便箋です。

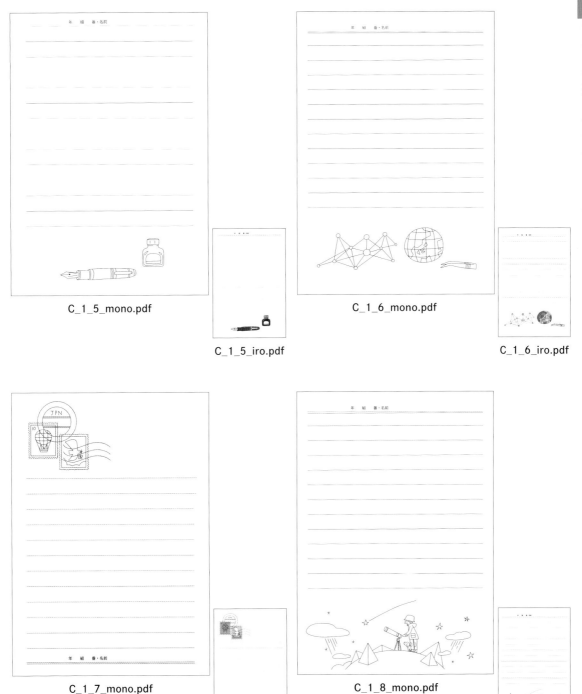

C_1_5_mono.pdf

C_1_5_iro.pdf

C_1_6_mono.pdf

C_1_6_iro.pdf

C_1_7_mono.pdf

C_1_7_iro.pdf

C_1_8_mono.pdf

C_1_8_iro.pdf

たくさん印刷してストックしておけば、何かの時に便利です!

C_1_9_mono.pdf

C_1_9_iro.pdf

C_1_10_mono.pdf

C_1_10_iro.pdf

C_1_11_mono.pdf

C_1_11_iro.pdf

C_1_12_mono.pdf

C_1_12_iro.pdf

春夏秋冬の季節をモチーフにした便箋です。

C_1_13_mono.pdf

C_1_13_iro.pdf

C_1_14_mono.pdf

C_1_14_iro.pdf

C_1_15_mono.pdf

C_1_15_iro.pdf

C_1_16_mono.pdf

C_1_16_iro.pdf

生徒や花束をモチーフにした便箋です。お礼の便箋におすすめです。

② ひとこと箋

C_2_1_mono.pdf

C_2_1_iro.pdf

少し短い文章の便箋（ヨコ書き）です。1ファイルに2枚分面付してあるので、プリントした後、真ん中で裁断すれば一度に2枚作成できます。

C_2_2_mono.pdf

C_2_2_iro.pdf

短い文章の便箋（タテ書き）です。1ファイルに4枚分面付してあるので、プリントした後、十字に断裁すれば一度に4枚作成できます。

C_2_3_mono.pdf

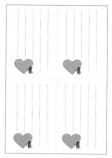

C_2_3_iro.pdf

短い文章の便箋（タテ書き）です。1ファイルに4枚分面付してあるので、プリントした後、十字に断裁すれば一度に4枚作成できます。

C_2_4_mono.pdf

C_2_4_iro.pdf

短い文章の便箋（ヨコ書き）です。1 ファイルに 4 枚分面付してあるので、プリントした後、十字に断裁すれば一度に 4 枚作成できます。

③ メッセージカード

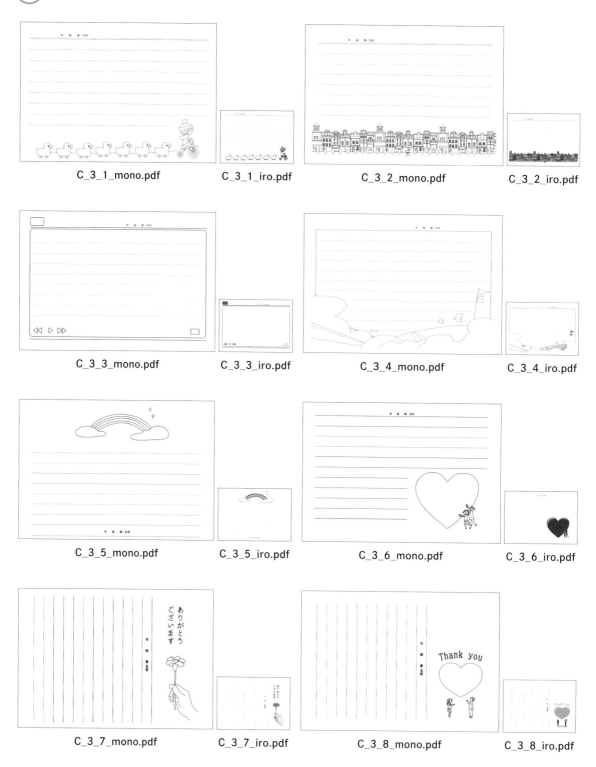

C_3_1_mono.pdf

C_3_1_iro.pdf

C_3_2_mono.pdf

C_3_2_iro.pdf

C_3_3_mono.pdf

C_3_3_iro.pdf

C_3_4_mono.pdf

C_3_4_iro.pdf

C_3_5_mono.pdf

C_3_5_iro.pdf

C_3_6_mono.pdf

C_3_6_iro.pdf

C_3_7_mono.pdf

C_3_7_iro.pdf

C_3_8_mono.pdf

C_3_8_iro.pdf

かわいいメッセージカードいろいろです。生徒に好きなものを選ばせても喜ぶかもしれません。

ワンポイントで使える
イラスト

D_1_1_mono.png

D_1_2_mono.png

D_1_3_mono.png

D_1_4_mono.png

D_1_5_mono.png

D_1_6_mono.png

D_1_7_mono.png

D_1_8_mono.png

D_1_9_mono.png

D_1_10_mono.png

D_1_11_mono.png

D_1_12_mono.png

D_1_13_mono.png

D_1_14_mono.png

D_1_15_mono.png

D_1_16_mono.png

D_1_17_mono.png

D_1_18_mono.png

D_1_19_mono.png

D_1_20_mono.png

春と夏のイラストです。学級だよりなどにもお使いください。
【ダウンロードデータにはカラーもあります】

② 秋・冬

D_2_1_mono.png

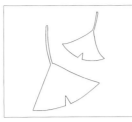

D_2_2_mono.png

D_2_3_mono.png

D_2_4_mono.png

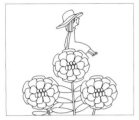

D_2_5_mono.png

D_2_6_mono.png

D_2_7_mono.png

D_2_8_mono.png

D_2_9_mono.png

D_2_10_mono.png

D_2_11_mono.png

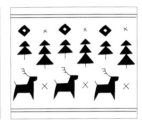

D_2_12_mono.png

D_2_13_mono.png

D_2_14_mono.png

D_2_15_mono.png

D_2_16_mono.png

D_2_17_mono.png

D_2_18_mono.png

D_2_19_mono.png

D_2_20_mono.png

秋と冬のイラストです。罫線だけのテンプレート（P.77〜78）で季節の便箋も作れます。
【ダウンロードデータにはカラーもあります】

③ 建物・風景

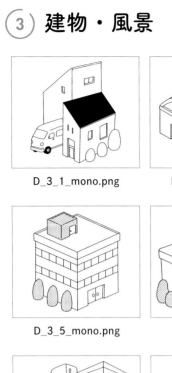

D_3_1_mono.png

D_3_2_mono.png

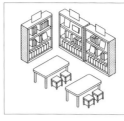

D_3_3_mono.png

D_3_4_mono.png

D_3_5_mono.png

D_3_6_mono.png

D_3_7_mono.png

D_3_8_mono.png

D_3_9_mono.png

D_3_10_mono.png

D_3_11_mono.png

D_3_12_mono.png

D_3_13_mono.png

D_3_14_mono.png

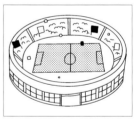

D_3_15_mono.png

D_3_16_mono.png

D_3_17_mono.png

D_3_18_mono.png

D_3_19_mono.png

D_3_20_mono.png

身近な建物や風景のイラストです。1つ載せるだけで、プリントの雰囲気が和らぎます。
【ダウンロードデータにはカラーもあります】

④ 自然・文化・乗り物

D_4_1_mono.png

D_4_2_mono.png

D_4_3_mono.png

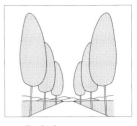
D_4_4_mono.png

D_4_5.png_mono

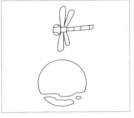
D_4_6_mono.png

D_4_7_mono.png

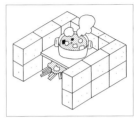
D_4_8_mono.png

D_4_9_mono.png

D_4_10_mono.png

D_4_11_mono.png

D_4_12_mono.png

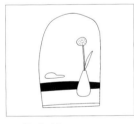
D_4_13_mono.png

D_4_14_mono.png

D_4_15_mono.png

D_4_16_mono.png

D_4_17_mono.png

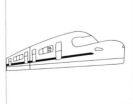
D_4_18_mono.png

D_4_19_mono.png

D_4_20_mono.png

自然の景色や文化、乗り物のイラストです。
【ダウンロードデータにはカラーもあります】

⑤ 国際・情報

D_5_1_mono.png D_5_2_mono.png D_5_3_mono.png D_5_4_mono.png

D_5_5_mono.png D_5_6_mono.png D_5_7_mono.png D_5_8_mono.png

D_5_9_mono.png D_5_10_mono.png D_5_11_mono.png D_5_12_mono.png

D_5_13_mono.png D_5_14_mono.png D_5_15_mono.png D_5_16_mono.png

D_5_17_mono.png D_5_18_mono.png D_5_19_mono.png D_5_20_mono.png

国際やICTに関するイラストです。本誌に掲載されているイラストはオンライン授業などにもお使いいただけます。【ダウンロードデータにはカラーもあります】

⑥ 地域・健康

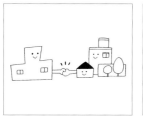
D_6_1_mono.png

D_6_2_mono.png

D_6_3_mono.png

D_6_4_mono.png

D_6_5_mono.png

D_6_6_mono.png

D_6_7_mono.png

D_6_8_mono.png

D_6_9_mono.png

D_6_10_mono.png

D_6_11_mono.png

D_6_12_mono.png

D_6_13_mono.png

D_6_14_mono.png

D_6_15_mono.png

D_6_16_mono.png

D_6_17_mono.png

D_6_18_mono.png

D_6_19_mono.png

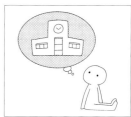
D_6_20_mono.png

学校と地域の連携や、心身の健康に関するイラストです。
【ダウンロードデータにはカラーもあります】

⑦ 進路・成人

D_7_1_mono.png

D_7_2_mono.png

D_7_3_mono.png

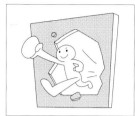
D_7_4_mono.png

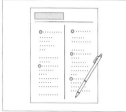
D_7_5_mono.png

D_7_6_mono.png

D_7_7_mono.png

D_7_8_mono.png

D_7_9_mono.png

D_7_10_mono.png

D_7_11_mono.png

D_7_12_mono.png

D_7_13_mono.png

D_7_14_mono.png

D_7_15_mono.png

D_7_16_mono.png

D_7_17_mono.png

D_7_18_mono.png

D_7_19_mono.png

D_7_20_mono.png

進路や成人に関するイラストです。学習に関する場面で幅広く使えます。
【ダウンロードデータにはカラーもあります】

⑧ 環境・防災

D_8_1_mono.png

D_8_2_mono.png

D_8_3_mono.png

D_8_4_mono.png

D_8_5_mono.png

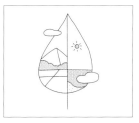
D_8_6_mono.png

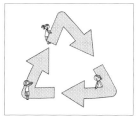
D_8_7_mono.png

D_8_8_mono.png

D_8_9_mono.png

D_8_10_mono.png

D_8_11_mono.png

D_8_12_mono.png

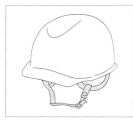
D_8_13_mono.png

D_8_14_mono.png

D_8_15_mono.png

D_8_16_mono.png

D_8_17_mono.png

D_8_18_mono.png

D_8_19_mono.png

D_8_20_monos.png

環境や防災に関するイラストです。環境問題は幅広く、災害は難しい課題も多いのですが、明るめに描いています。【ダウンロードデータにはカラーもあります】

⑨ 教科（国語・社会・数学・理科ほか）

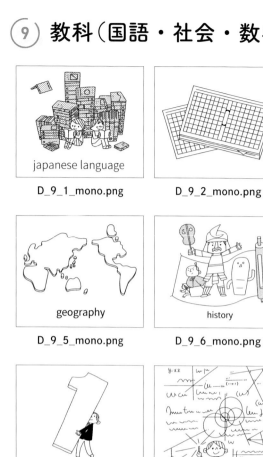
japanese language
D_9_1_mono.png

D_9_2_mono.png

D_9_3_mono.png

D_9_4_mono.png

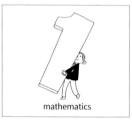
geography
D_9_5_mono.png

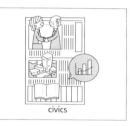
history
D_9_6_mono.png

civics
D_9_7_mono.png

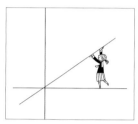
D_9_8_mono.png

mathematics
D_9_9_mono.png

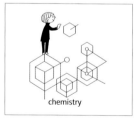
D_9_10_mono.png

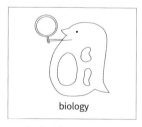
D_9_11_mono.png

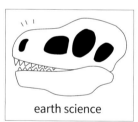
D_9_12_mono.png

science
D_9_13_mono.png

chemistry
D_9_14_mono.png

biology
D_9_15_mono.png

earth science
D_9_16_mono.png

health and
physical education
D_9_17_mono.png

D_9_18_mono.png

music
D_9_19_mono.png

D_9_20_mono.png

教科のイメージイラストですが、教科にとらわれず自由に使ってください。
【ダウンロードデータにはカラーもあります】

⑩ 教科（外国語ほか）

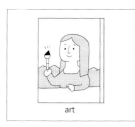

D_10_1_mono.png

D_10_2_mono.png

D_10_3_mono.png

D_10_4_mono.png

D_10_5_mono.png

D_10_6_mono.png

D_10_7_mono.png

D_10_8_mono.png

D_10_9_mono.png

D_10_10_mono.png

D_10_11_mono.png

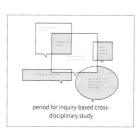

D_10_12_mono.png

D_10_13_mono.png

D_10_14_mono.png

D_10_15_mono.png

D_10_16_mono.png

D_10_17_mono.png

D_10_18_mono.png

D_10_19_mono.png

D_10_20_mono.png

教科のイメージイラストですが、教科にとらわれず自由に使ってください。
【ダウンロードデータにはカラーもあります】

⑪ スタンプ風（子ども・教師）

D_11_1_mono.png

D_11_2_mono.png

D_11_3_mono.png

D_11_4_mono.png

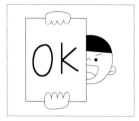
D_11_5_mono.png

D_11_6_mono.png

D_11_7_mono.png

D_11_8_mono.png

D_11_9_mono.png

D_11_10_mono.png

D_11_11_mono.png

D_11_12_mono.png

D_11_13_mono.png

D_11_14_mono.png

D_11_15_mono.png

D_11_16_mono.png

D_11_17_mono.png

D_11_18_mono.png

D_11_19_mono.png

D_11_20_mono.png

スタンプ風に使えるイラストです。学習アプリや生徒とのチャット上など、日常でのちょっとしたアクセントに。【ダウンロードデータにはカラーもあります】

⑫ スタンプ風（動物・生き物）

D_12_1_mono.png

D_12_2_mono.png

D_12_3_mono.png

D_12_4_mono.png

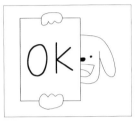

D_12_5_mono.png

D_12_6_mono.png

D_12_7_mono.png

D_12_8_mono.png

D_12_9_mono.png

D_12_10_mono.png

D_12_11_mono.png

D_12_12_mono.png

D_12_13_mono.png

D_12_14_mono.png

D_12_15_mono.png

D_12_16_mono.png

D_12_17_mono.png

D_12_18_mono.png

D_12_19_mono.png

D_12_20_mono.png

スタンプ風に使えるイラストの動物・生き物バージョンです。性別や年齢に関係なく使えます。【ダウンロードデータにはカラーもあります】

⑬ ポスター（会場はこちら）

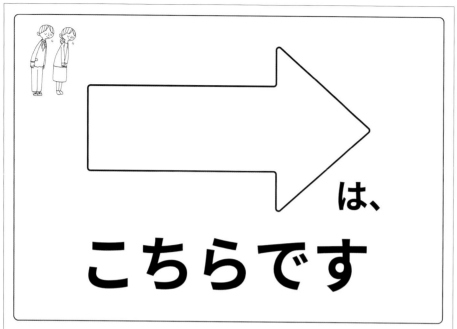

D_13_1_mono.pdf

D_13_1_iro.pdf

D_13_2_mono.pdf

D_13_2_iro.pdf

会場案内をするポスター。矢印の中に教室などの名称を入れてください。ダウンロードデータはA3サイズ（掲示用）です。A4で使う場合は縮小でプリントを。

⑭ ポスター（スマホ、SNS注意）

D_13_3_mono.pdf

D_13_3_iro.pdf

D_13_4_mono.pdf

D_13_4_iro.pdf

生徒と保護者向けにやわらかく注意喚起をするポスターです。ダウンロードデータはA3サイズ（掲示用）です。A4で使う場合は縮小でプリントを。

⑮ ポスター（来客向け）

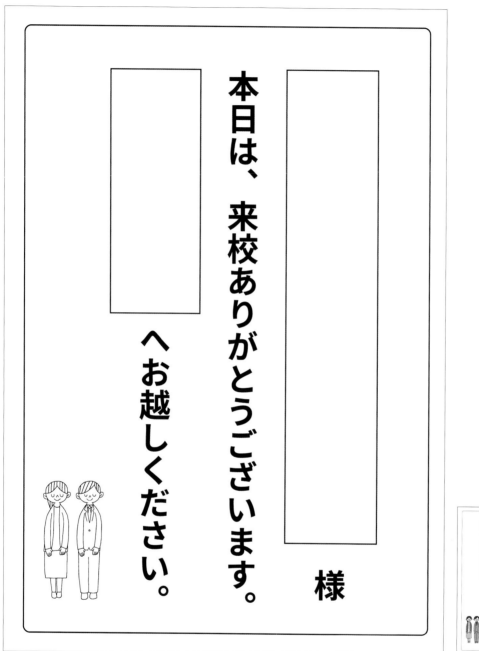

D_13_5_mono

D_13_5_iro

来校者を歓迎し、受付場所を案内するウェルカムポスターです。ダウンロードデータはA3サイズ（掲示用）です。A4で使う場合は縮小でプリントを。

使い方解説コーナー

- ・データのダウンロードについて

- ・イラストの配置の仕方

- ・テンプレートにイラストを組み合わせる方法

- ・活用新聞「わくわく」（よくあるQ&A）

データのダウンロードについて

本書のすべてのテンプレート・イラストデータは、右のQRコード（学事出版のウェブサイト）からダウンロードいただけます。紙面上はモノクロの素材でも、【カラー版】と【モノクロ版】の両方をご用意しています。

●テンプレート・ポスターのデータについて

テンプレートとポスターはpdf形式のデータです。

サイズはA4を基本として作られていますが、例外的にA3サイズ・A5サイズもあります。

印刷設定で拡大・縮小もできますので、お使いになりたいサイズでプリントしてください。

●イラストのデータについて

イラストはpng形式のデータです。png形式は、jpgと同じように扱うことができる画像の形式で、背景にある文字やイラストを隠さない点が便利です。

※イラストは、本書紙面に掲載されている程度の大きさで文書に使用することをイメージしていますが、2倍くらいまでの大きさまでは問題なくお使いいただけます。

●インストールは不要

インストールなどの作業は不要です。ダウンロード後、すぐにフォルダを開いてご使用いただけます。

●フォルダについて

フォルダの構成は次のようになっています。

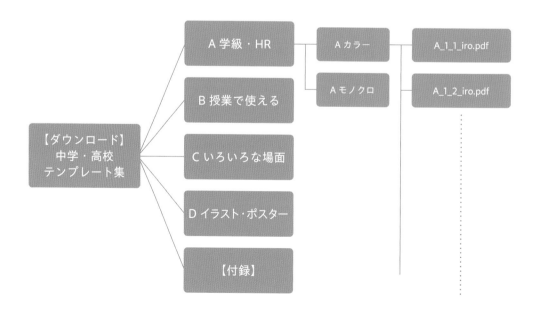

イラストの配置の仕方

●MicrosoftWordでイラストを配置する方法

※Window10上でのMicrosoft 365 Apps for businessを例に説明しています（以下、同じ）。

①Wordを立ち上げて、イラストを挿入したい文書を開きます（または新しい文書を作成します）。

②［挿入］タブ→［画像］→［このデバイス…］の順にクリックします。（図1）

③［図の挿入］ダイアログが出てきたら［ダウンロード］をクリックして、「中学・高校テンプレート集」のフォルダを開きます。

④フォルダを開きながら、使いたい素材を探します。（図2）

⑤素材が見つかったら、そのファイルをダブルクリックするか「挿入」ボタンをクリックすると、文書に挿入されます。

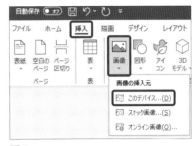

図1

図2

〈ワンポイント〉

●イラストを自由に動かしたいとき

挿入したイラストの上で右クリックをしてメニューを出し、［文字列の折り返し］を選びます。

［前面］を選択し、［ページ上で位置を固定する］にチェックを入れます。（図3）

●きれいな画質でイラストを入れたいとき

あらかじめ次のような設定をすると、元の画質を保ったまで画像を挿入します。

［ファイル］タブ→［オプション］→［詳細設定］の順にクリック。［イメージのサイズと画質］内にある「ファイル内のイメージを圧縮しない」にチェックを入れます。（図4）

＊Microsoft,Word,Windowsは、Microsoft Corporationの米国およびその他の国における商標または登録商標です。

図3

図4

テンプレートにイラストを組み合わせる方法

本書に収録されているテンプレートのうち、いくつかのテンプレートでイラストのない罫線のみのものをご用意しています。イラストのないテンプレートはそのままシンプルにも使えますが、D章のイラストや、姉妹編『中学・高校イラストカット集1200』のCD-ROMに収録されているイラスト等を組み合わせて使うことができます。

●例：「作文用紙」のテンプレートにイラストを配置する

①Wordを立ち上げて、［ファイル］タブ→［新規］→［白紙の文書］をクリックします。

②前ページ「イラストの配置の仕方」の方法で作文用紙のjpgファイルを配置し、位置や大きさを調整します。（図5）

③②と同じ方法でイラストのpngファイルを配置し、同様に調整します。テンプレートの下（裏）にイラストが隠れてしまう場合は、イラストを選択し、［図の形式］タブ→［前面へ移動］→［最前面へ移動］をクリックします。（図6）

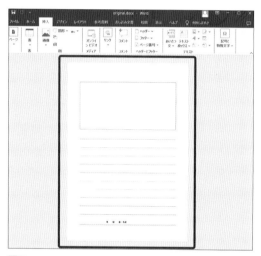

図5

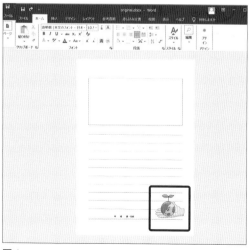

図6

●罫線のみのテンプレートについて

これらの素材は、【付録】フォルダ内「罫線のみのテンプレート」に収録されています。

B_1_2_simple_mono.jpg

B_1_3_simple_mono.jpg

B_1_4_simple_mono.jpg

B_1_5_simple_mono.jpg

B_2_1_simple_mono.jpg

B_2_2_simple_mono.jpg

C_1_1_simple_mono.jpg

C_1_3_simple_mono.jpg

わくわく新聞

「もう他のワークシートには戻れない」との声、続々！

文字ばかりのワークシートでは生徒のやる気が上がりません

このテンプレート集を制作するにあたり現場の先生にモニターを行いました。

「小学校向けのものは多いが、中学校・高校向けは少ないのでありがたい」

「ぜひ、初任者にすすめたい」

「校内で共有していきたい」

のように、使えそうだという感想を多数いただきました。

ここで、よくある質問にお答えします。

Q：このテンプレートを生徒にデータで配布して良いですか？

A：問題ありません

Q：学校で1冊購入し、データを校内で共有しても良いですか？

A：書籍がカタログの代わりになっているので、共有は学年単位か個人でお使いいただくのがおすすめです。

著者イクタケマコトの おすすめテンプレート BEST 3

1 プロジェクト計画表 （行事や授業、部活の可視化に便利そう）

2 作文用紙（4コマ） （4コマでもバラバラでも使い勝手がいい）

3 いろいろマラソンカード （絵が好き！）

たくさん使ってくださいね！

●著者プロフィール

福岡県宮若市出身。横浜市在住。７年間の教師生活の後、イラストレーターとして活動。
教科書や広告などのイラストを手がける。

【主な仕事】

『数学の世界』『たのしいせいかつ』（大日本図書）、『家庭基礎』（教育図書）『小学生のいきかた発見ブック』（実業之日本社）、『SUNSHINE』（開隆堂）、『職業人なりきりカード』（学事出版）、『10分で読める伝記』（学研プラス）ほか、教科書、教材等。

【著書】

『中学・高校イラストカット集1200』『まいにち哲学カレンダー』（学事出版）、『主夫３年生』（彩図社）、『カンタンかわいい小学校テンプレート＆イラスト』『小学校 学級経営 いろいろテンプレート』『子どもがワクワク喜ぶ！ 小学校 教室グッズ＆テンプレート』『カンタンかわいい！子どもが喜ぶ保育のイラストカード＆ポスター』『オンラインでも役立つ！ 小学校ワークシート＆テンプレート』（以上、学陽書房）、『としょかん町のバス』（少年写真新聞社）ほか。

ホームページ http://ikutake.wixsite.com/makoto-ikutake

MAIL 　iku@ymail.ne.jp

●テンプレート及びイラストデータのご利用について

【使用許諾事項】

1. 本書に含まれるすべてのテンプレート・イラストの著作権はイクタケマコトにあり、著作権は学事出版株式会社が管理します。
2. 学校（私立学校を含む）および非営利団体が作成する通信・ワークシート・チラシ・ポスター・ホームページ・配信などにご利用いただけます。
3. 商用での無断利用は禁止します。商用利用を希望される場合は、お手数ですが弊社までお問い合わせください。

【禁止事項】

1. ダウンロードデータを加工して使用すること（詳細は学事出版までお問い合わせください）
2. CD-ROMやDVDに複製すること
3. ダウンロードデータを複製して販売すること
4. ネットなどを介し、複数の利用者でシェアすること
5. ダウンロードデータを利用したグッズ（ハガキ、名刺などの紙媒体含む）を制作して販売すること

6. ロゴマークやキャラクターとして利用すること
7. 収録データを公序良俗に反する目的・誹謗中傷目的で利用すること
8. 図書館およびそれに準ずる施設において館外に貸し出すこと

【保証範囲の限定】

1. ダウンロードデータは、お客様本人の責任において使用されるものとします。
2. ダウンロードデータを使用した結果発生した損害や不利益に対しては小社は一切責任を負いません。
3. 充分な注意を払って制作しておりますが、ダウンロードデータについて欠陥がないことを保証するものではありません。
4. 本書の仕様、価格、デザインについては、将来予告なく変更する場合がございます。
5. 本書は素材集です。ダウンロードデータの編集についてはお使いのアプリケーションに依存します。ご不明の点はアプリケーションソフトのマニュアルをご査収ください。

モノクロ&カラー版　中学・高校テンプレート集

2024年２月20日　初版第１刷発行

著　者　　イクタケマコト
発行者　　鈴木宣昭
発行所　　学事出版株式会社
　　　　　〒101-0051　東京都千代田区神田神保町1-2-5　和栗ハトヤビル3F
　　　　　電話　03-3518-9655（代表）　https://www.gakuji.co.jp

編集担当　戸田幸子　　装丁　細川理恵　　本文レイアウト・組版　株式会社明昌堂
印刷・製本　電算印刷株式会社